JN120169

大映映画おしゃれ手帖

Rie Nagakawa

目次

有楽町で逢いましょう　一九五八年

Julie

Juliet

監督：島耕二

デザイナーの小柳亜矢でございます

小柳亜矢
ファッション
ショー

フランス帰り

（京マチ子）

列車の
中にて

当時大流行した アランフェス等の楽曲

♪有楽町で逢いましょう

みかんの皮 →

振り向きざまの笑顔にキュン♡

ピリピリしている亜矢

まだ帰ってらっしゃらないの？

→帯にブローチ

小柳武志の姉の小柳亜矢でございます

アイアクセント♡

ゴールドの大きめメダルのブレスレット

小柳亜矢のパールづかい

BLACK コーディネート

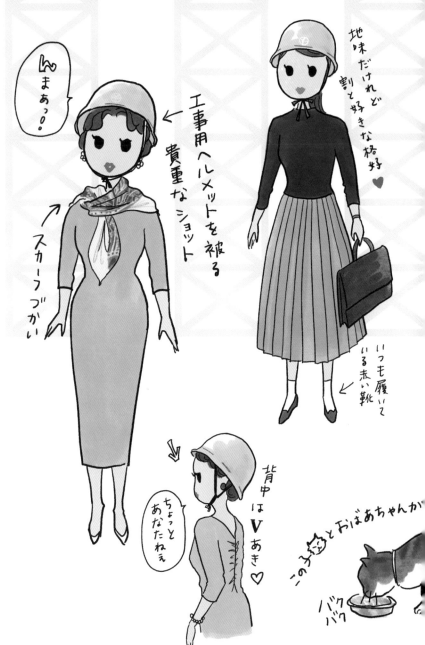

んまぁっ。

工事用ヘルメットを被る

貴重なショット

スカーフづかい

地味だけれど割と好きな格好 ♡

いつも履いている赤い靴

ちょっとあなたねぇ

背中はVあき ♡

一人っ子とおばあちゃんが

バクバク

武志とボートに乗ったときの写真

ポーズが可愛い♡

ボレロの衿がボア♡

勝手に着て大丈夫かしら？

小柳武志
（川口浩）

ゆうらくちょう
YŪRAKUCHŌ

しんばし | とうきょう

いつも持っている
この赤いレザーBAGが
とっても可愛い♡

篠原 加奈
（野添 ひとみ）

青空娘 一九五七年

監督‥増村保造

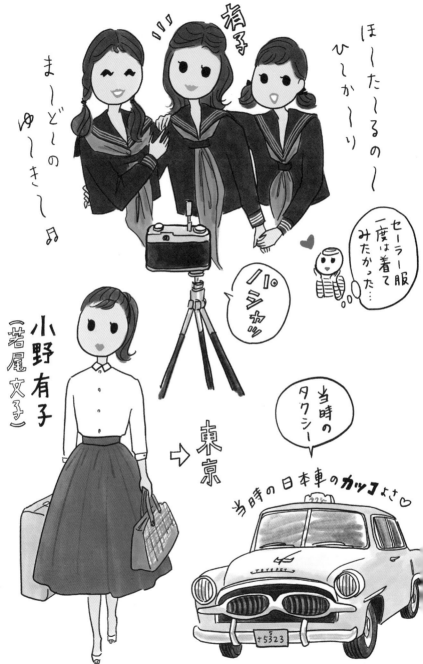

ほ〜た〜るの〜
ひ〜か〜り

有子

ま〜ど〜の
ゆ〜き〜し♪

セーラー服
一度は着て
みたかった…

パ
シ
ャ

小野有子
(若尾文子)

→東京

当時の
タクシー

当時の日本車の**カッコ**よさ♡

若尾文子の
可愛さったらない！

青空さん
こんにちは！

かわいい…

あたし
有子
よろしくね

美術の二見先生
〈菅原謙二〉

ショート丈のネグリジェ ♥

うるさいわね！
何時だと思ってるの

（穂高のり子）
小野 照子 の
お嬢様スタイル

八重！八重！
この磨き方なによ！

ピンクのミュール

クリアヒール
ビジュー？お手製？

背中あき ♡ ＆
大きなリボン

BACK STYLE

ホログラムのような
シルバーのBAG

20

お家にいるときモニのスタイル

ツン

白いノースリーブシャツを着たくなる

だぁれ〜？あ、のぶ子ね？

幾何学模様のかわいいパンツ →

キョロ

キョロ

ブラウンのベルトが効いてる ↓

バックストラップのウェッジヒール

おかあさーん

→ ウエストきゅっとスカートを穿きたい

秘書スタイル

社長サインお願いします

会社でこんな透け透けで大丈夫？な素敵ブラウス♥

← あしもとは想像で

手の→デザインが素敵♥

チュチュ風♥↓

オープントウ↓

JAZZシンガースタイル

23

女体

1969年

監督：増村保造

カラフル michi

お仕事スタイル@中華店

ハイパーmichi!!

ココの形が好き

バックストラップシューズ

浜ミチ
(浅丘ルリ子)

PURPLE

WHITE

難しそうな柄でも似合っちゃう

ココロの華

アップスタイルが好み

フリンジかわいい ♡

BLUE-GRAY

編み編み透け透け

PINK

PURPLE

チェーンを噛む指先

GREEN

→全身ケミカルレース

服も着も色と合わせて

魅せるミチ

後ろ姿で

RED

さり気なく
BAGと同色
↙

BLACK

ORANGE

お決まりパターンの上目づかい

GRADATION

ガーリーな

ふわふわワンピ

WHITE

いつも微妙にデザインが違うBAGを持っている

ある殺し屋

1967年

監督：森一生

見張りスタイル

遅いわね前田…

折り入って相談したいことがあんの

サックスブルーのシャツにさり気なくスカーフ

ネイビーのステンカラーコート

塩沢
(市川雷蔵)

チラッと見える裏地

姫カット圭子

かぎ針編みのパーツを繋げたニット

♡

かわいい

圭子
（野川由美子）

おしとやかに…
言葉づかいが
違うと漂う
雰囲気も変わる

3人のお鮨を買いにいく圭子

やるわ!

中に着ている
ニットのタンクトップがかわいい

↗
赤いベルトで
全体が締まる

噂の女

一九五四年

監督：溝口健二

娘 雪子
（久我美子）

東京から実家へ
帰ってきた雪子

雪子の定番タートルニット

大きめチェック

筒形BAG♡

← Tストラップ
シューズ

タートルニットと

オードリー・ヘプバーンのよう☆☆

クルーネックカーディガン

ロ形スカート

わたしが持っていくわ！

夜の河

監督…吉村 公三郎

一九五六年

竹村教授
（上原謙）

芳名帳は筆で♡

きものデザインの
巾着袋

舟木きわ（山本富士子）

欧風料理
開陽亭

京都・先斗町
鴨川のほとりに佇む
洋食屋さん

39

きわの
着物コレクション

バッグも同色で

赤みを含んだ
綺麗な薄藤色

どうでっしゃろ
これ！

きわがデザインした
生地でネクタイも

京染屋の
長女 着物

こんにちは

シンプルな着物に

バッグはこう持つ

幾何学模様の帯

こんばんは

後ろ姿の帯を見るのも楽しみ

バラの帯 ♡ 素敵

着物とカゴ BAG の組み合わせ ♡

帯の大きな花がポイント ✿

羽根

↙

ツン！

インダコーヒーにて

ヘッドドレス

チョコレート色の
コート

巾着のような
カタチをした
ガマ口バッグ

竹村教授の娘あつ子の お出かけスタイル

ピンクの
バレエシューズ

44

着物&大ぶりイヤリング

後ろ姿

モデルさん

きわがデザインしたハエ柄着物

銀座の子物語

監督：井上梅次

一九六一年

斜め45度の美しさ……♥

修三のボクシング試合観戦スタイル

綺麗なブルー×グリーンチェックのストール

→ さり気ない黒のスパンコール

生地はコレに決めますわ！

ピンク×ブラックにキュン

かわいい♡

素敵ねぇ♡

47

着物姿の干加美さん

真っ赤なセットアップに

∬∭とさせられる

49

衿を立てて着る

中は白いカットソーらしきもの

ツイード・ヘリンボーン

いつものがま口BAG

リバーシブルストール

オーロラみたいな柄

COFFEE TENNESSEE

COFFEE
TENNSSEE
で働く桃子

ジーンズ

足もと映らない
ので想像で…

あら！こんばんは！

桃子の喫茶店スタイル

比翼仕立てのシャツワンピース

桃子
（江波杏子）

あら雄ちゃん

恋煩いですって!?

愛らしい柄セーターも
かわいく着こなす野添ひとみ

よく見ると凝ったチェックのシャツワンピース

襟の刺繍
&
白いカーディガン

リンゴの皮むき

暖流

1957年

監督：増村保造

今でも付けたい素敵なネックレス

ネックレスとお揃いのブレスレット

どんな素材か気になります

50s ふんわりスカートのトップスはコンパクトに

豪華なバースデーケーキ

HAPPY BIRTH DAY KEIKO SHIMA

志摩 啓子
(野添 ひとみ)

10月5日は
わたしの誕生日
だわ!!

この作品を観た日も
偶然 10/5!

わたしが
子どもの頃は
まだあった
赤電話

← シャツと同じ
← 生地の帽子

ミシンで
縫っちゃったの

BAGの色は
茶色で
ポイントに.

ツイードっぽいスカート

朱色の太めレザーベルト →

あたしのことをね
同類っておっしゃる
のよ。

石渡ぎん
（左 幸子）

Keiko's スタイル

うしろ姿

どうしたんですの？

キャメルのスーツと帽子♥

58

三つ編み

永遠の定番 トレンチコート

赤いスカーフ
&かごBAG ♥

お野菜

この日はフラットシューズ

Keiko's スタイル

ハッとするワンピース

柄に合わせてイエローのベルトが効いてる

♪ こんな
シーンも ♥

「それいゆ」の世界感

Parisienne

♪♪

美しき
丸山明宏

(美輪明宏)

素敵なビーズ刺繍の
BAG

監督：川島雄三

1961年

女は

二度生まれる

かぎ針編み

小えん（若尾文子）

あら！お久しぶりネ

小犬を抱っこする小えん♡

パステルカラーコーディネート

パープルコーディネート

渋谷行のバス

渋谷駅

バッグの持ち方

ご一緒しても
よろしくて?

お土産の
持ち方
といえば。←

朱色の

羽織物が
素敵

市松模様の長襦袢

小えんの
着物スタイル

こんばんは！

タッタッタッ

着物に洋風アクセサリーも似合う！

65

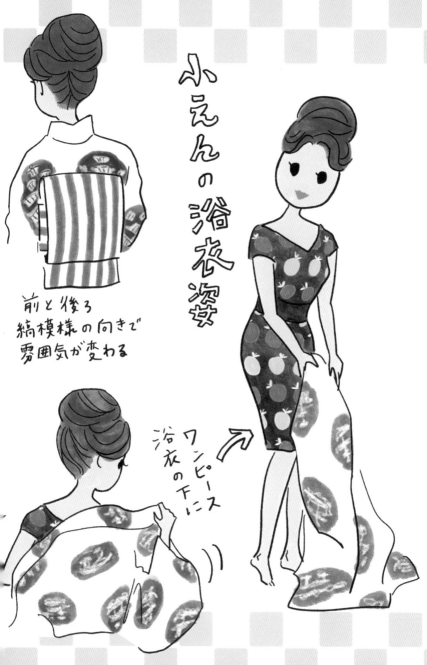

ふぇ〜んの浴衣姿

前と後ろ
縞模様の向きで
雰囲気が変わる

ワンピース
浴衣の下に

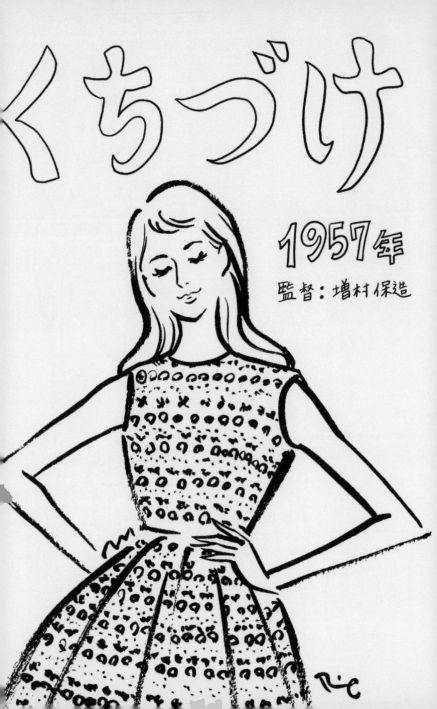

くちづけ

1957年

監督：増村保造

宮本欽一
〔川口浩〕

白川章子
〔野添ひとみ〕

江の島ローラ[ー]

ENOSHIMA ROLLER [SKATE]

水着で
ローラー
スケート

スタイル
抜群！

いたい。

でも高いわ…

大丈夫。まだ三千円ある

いいねぇ！

帽子を首にひっかけた後ろ姿もかわいい

卵２つください

細ベルト→

かわいいカゴBAG♡

ワンピース×レースアップシューズ→

カッコイイ 欽一母

絵画モデルの女の子の
ワンピースが可愛いくて

もしもし？
ええ・あたし

電話が
素敵♡

→ 衿大きめのオープンカラー

ウェッジソール ↘

鉄一母
（三益愛子）

女の勲章

1961年

監督：吉村公三郎

憧れのドレッサー

メイクをしている次を描くのが好き

さり気なく
スズランを飾って…

「女の勲章」 ステキ♡テーブルランプたち

電話も パステルカラー♡

SHIKIKO

コートを脱ぐと

ターバンがめちゃくちゃ似合う

パールのイヤリング

大きなリボンがポイント♥

S.H.I.K.I.K.O

ピンポーーン

おしゃれに帽子ははずせません！

銀四郎さんだわ！

他の日は
ゴールドの
ロングネックレス
にしたり…

ハイ
なんでしょう

コートを脱ぐとグリーン♡

チューリップ柄のニットと

お花の
ヘッドドレス♥

先生！
いかがです
でしょうか

倫子のテーマカラー

GREEN

or

R.iNKO

白の細い
プリーツスカート
合わせていたり

グリーンのスーツ

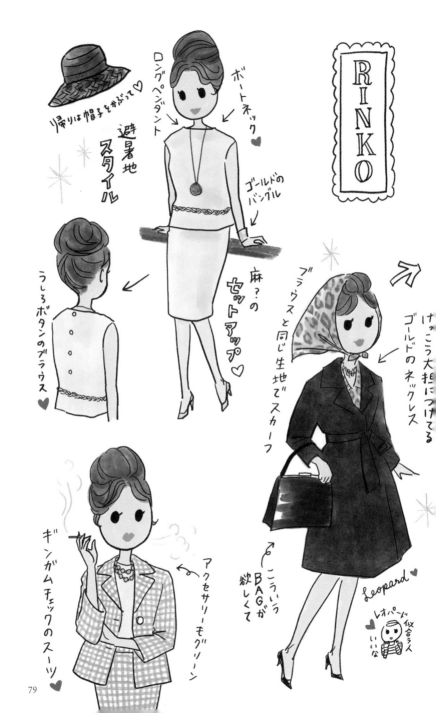

帰りは帽子をかぶって♡

避暑地スタイル

ロングペンダント

ボートネック♡

ゴールドのバングル

麻…?のセットアップ♡

うしろボタンのブラウス♥

RINKO

ブラウスと同じ生地でスカーフ

ゴールドのネックレス

けっこう大胆につけてる

こういうBAGが欲しくて

Leopard ♥

レオパード似合う人いいな

ギンガムチェックのスーツ♥

アクセサリーモスグリーン

79

千鳥格子のスーツ

いざ！ファッションショーへ!!!

コートなのかよく見えないのだけど とにかく ズキュン

SHIKIKO

倫子さん、ちょっと いいかしら？

式子のテーマカラー BLACK

ピンストライプの ブラウスで ホワイトコーデ

八代銀四郎 （田宮二郎）

赤いギンガムチェックの シャツワンピース

富枝はいつも ニットの帽子

TOMIE

富枝の
テーマカラー
RED

KATSUMI

先生、お客様が
お待ちですわ

かっ美の テーマカラー
BLUE ♥

太めボーダーのカットソーと
ほっかむり♥

しとやかな獣

1962年　監督：川島雄三

好きな
小窓シーン

フリルのVネックラインとタイトスカートでグッとしとやかな幸枝

見えないけど
大ぶりのネックレスしてます

着物の帯もグリーン

三谷幸枝
（若尾文子）

やっほー！！

よーし！！

踊るわよ。

♪

胸元にリボン

ワンピースの色に合わせたパープルのトランク

ネイルとリングの色♡

前田友子
(浜田 ゆう子)

シャワーを浴びた後はかわいい花柄タオルを巻いて

下着姿で踊り狂う姉弟

流れる音楽は…
お、お囃子!!

わたし
帰るわ

TWIST

M·J·B coffee

← 老舗の粉挽き
コーヒーブランド

インスタントコーヒーが当時の主流に
あって、サイフォンとレギュラーコーヒー常備
とは、かなりな洒落者。

トイレットペーパー

1960年代に
国産化された

『しとやかな獣』

気になる小物たち

今でこそ
当たり前だけれど
映る小物たちでいかに贅沢な
暮らしをしているかが伺える…

Johnnie Walker Red Label

ジョニーウォーカー赤ラベル
通称ジョニ赤

当時、お酒を嗜まない人も
ジョニ赤といえば「ジョニ黒」とともに
高級ウィスキーとしての認知があった

晴海団地

なるほど〜！

モダンな住宅として1950年代に
建設された高層アパート君群。
10階建ての15号館と5階建ての
アパート君群があったようで、前田家は
5階建ての団地をイメージしていると
思われます

BLUE DIAMOND ALMONDS

ブルーダイアモンドの塩味アーモン

← 今でもお酒落な
BARなどで
おつまみの定番として
親しまれているブランド。

リビーの缶詰

Libby's

コンビーフといえばリビーが
代名詞だったそう。
前田家にあったのは
フルーツの缶詰

わざわざ映す
ということは当時はま
珍しかったのかも

実が持っていた
コレ何？

↳ 調べてみた

POLAROID LAND CAMERA

← 吉沢先生

定着液を
こすって

ポラロイドカメラ
でした

黒蜥蜴

1962年
監督：井上梅次

男装の麗人

早苗（叶順子）

ジャガードのセットアップ

かっこいい～！

プッ

黒蜥蜴（京マチ子）

雨宮（川口浩）

KURO
TOKAGE

復活させたい
ほっかむり

衿部分だけ
コーデュロイ
↙

便利そうなショート丈コート

お嬢さん

一九六一年

監督：弓削太郎

栄養ゆたかな天然果汁！
ポンジュース

チェックの
セットアップが
最高に
かわいい！
←

藤沢かすみ
（若尾文子）

花村チエ子
（野添ひとみ）

結婚を意識
しはじめる お年頃♡

オフホワイトの
ボウタイニット

ほんっとにこの中にあなたのお目当ての人いないの？

おチエ

真ん中にバラ♡かわいい

どうして？

かすみ

あの人が
浅子さんかしら？

コートと同じ生地の
マフラー（裏は花柄）

レインコートと同生地でほっかむり♥
好きなスタイル

これに真っ赤な
コートを着る♥

ご紹介しますわ

ケイちゃんを待っかすみ

ターコイズブルーも似合う

紅子（中川弘子）

真っ赤なゆったりめ
ふわふわモヘアニット＆
グレーのストレートパンツ♥

98

長友の毛を整え…

旅に出ます

探さないでください かすみ

ダッフルコートが新鮮 ♡

ケープが付いた

コート ♡

ノーカラーブラウス

←リンボーンツイードのジャンパースカート

綺麗なピンクの
カーディガン ♡

この
笑顔にやられる
♡

新星　青空ひかり　出演

グランドショー

宇宙人
東京に現わる

1956年　監督：島 耕二

宇宙軒

NEWS HERALD

Supreme Headquarters
Of The World Council

Suspend All Activities
In Launching Artificial
Satellites Until Notice

○○新聞

謎の光体遅走す
世界会議の緊急に
明の光体

東京湾に迷の墜落
「空飛ぶ円盤」が！
信じられない漁夫の証言

うん

きれいね〜

日光デートは
シャツワンピースで

16

すんごいジャンプ!!

地球人の中に入り込むことに成功しました

岡本太郎 デザイン パイラ人

視察の
報告を聞こう
我々パイラ人の
……

何? 彼らは
我々パイラ人を
醜いと云うのか

彼らの理想の美人
と謂うのはこれです

フェルトで
パイラ人
作ろうかな

たそがれの東京タワー

1959年

監督：阿部毅

LADYS
FASHION
MAKER

リラ

吉野 京子
（仁木タ鶴子）

銀座の洋裁店
「リラ」でお針子として
働く京子

金曜日の夜の銀座

あたしも
お出かけしたいな…
でもこんな服じゃ…

ぴゅ〜っ!!

鏡の中の京子

でも…

現実の京子は少し臆病

さっきの服、1つくらいあんたにピッタリなのがあるはずよ!

すぐ帰ってくればいいじゃない!

（こっそり…）拝借…だけど**かわいいコート**

短め袖 + ロンググローブ、復活させたい♡

→定規

家庭科の授業中これやりました 笑

デートのためにチクチク夜なべ きゅん♡

やきいも →

鏡の中のわたし

ほんのちょっと借りるだけ…

コートを脱ぐと

切り替えになっている

29
THURSDAY

よく見るとトッフー穴があいている帽子

ウエスト幅太めでたっぷりギャザー♡

さらに脱ぐと

同じ生地のワンピース♡

あらかわいい

丸の内から外苑辺りをドライブ
(昭和30年代の東京の風景)

好きな人の
イニシャル刺繍の
→ ハンカチ ♥

キュン

京子の宝箱☆

おばあちゃん
京子はいま
とても幸福です…

巨人と玩具

1958年

監督：増村保造

無名の新人
島 京子

（野添ひとみ）

京子売り出し

やだあ！こんな顔して食べてる

ハイ腰に手当てて上見て！！

パシャ！！

黒いショートパンツ ＆ 大きめ サファリシャツ

あたし、興奮したいんです！！

ペろ

ワールド コーヒー キャラメル

World Coffee Caramel

ワールドミルクキャラメル

あっ　ゆうちゃんが　死んじゃってる！

オタマジャクシ

白Tシャツ＆ジーンズが新鮮！

パステルカラーのカーディガン

＆ジーンズとバレエシューズ

パステルカラーのギンガムかわいい

ワール　　　キャラメル

ワールド

コーヒー
キャラメル

※虫歯強調

ワールドのテーマソングが耳に残る…

シルバーの
デカリボン♡
↓

レインコート

ショー

すっかりスターな島京子

お姫様ワンピース

子どもの頃 絵に描いていたような

宝石箱のような
キラキラBAG

World
MILK CHOCOLATE

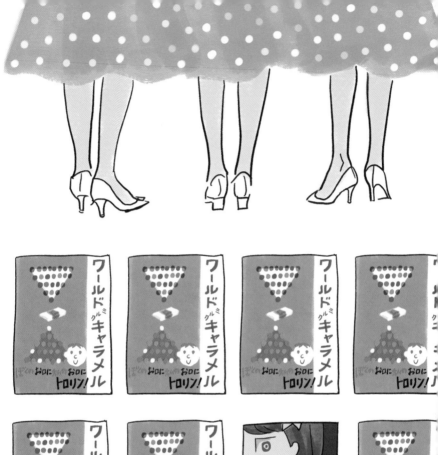

終

『お嬢さん』(1961年) より

本書で紹介した作品は
DVD & Blu-rayで
ご覧いただけます！

詳しくはWEBで！

小峰登子（山本富士子）

『女は夜化粧をする』

千坂京子（若尾文子）

『砂糖菓子が壊れるとき』

角川シネマコレクション

商品の詳細は

角川シネマコレクション

https://cinemakadokawa.jp/dvd/houga.html

01 有楽町で逢いましょう 1958年 島耕二監督 ☆

02 青空娘 1957年 増村保造監督 ○

03 女体 1969年 増村保造監督 ○

04 ある殺し屋 1967年 森一生監督 ☆

05 噂の女 1954年 溝口健二監督 ○

06 夜の河 1956年 吉村公三郎監督 ☆

07 銀座っ子物語 1961年 井上梅次監督 ☆

08 暖流 1957年 増村保造監督 ○

09 女は二度生まれる 1961年 川島雄三監督 ☆

10 くちづけ 1957年 増村保造監督 ○

11 女の勲章 1961年 吉村公三郎監督 ○

12 しとやかな獣 1962年 川島雄三監督 ☆

13 黒蜥蜴 1962年 井上梅次監督 ☆

14 お嬢さん 1961年 弓削太郎監督 ○

15 宇宙人東京に現る 1956年 島耕二監督 ☆

16 たそがれの東京タワー 1959年 阿部毅監督 ☆

(「宇宙人東京に現る」シークレット特典)

17 巨人と玩具 1958年 増村保造監督 ○

☆＝角川シネマコレクション
○＝その他

125

今まで馴染みのなかった古い日本映画。

それがこの本の制作をきっかけに

この秋大映映画を一気に鑑賞し、

描き終えた今てはすっかり夢中になっている

自分がいます。いつも映画を観るときの

もうひとつの楽しみてある「映画の中の服装」。

昭和30・40年代は不思議と古さを感じさせず、

今のわたしにとっては、むしろ新鮮でワクワクが

止まりませんてした。

まだまだ描ききれないほどありますが、

わたしなりのおしゃれ手帖は

これからも続きます。

映画は大映

永川 梨恵 (ながかわ りえ)

神奈川県横浜市出身。幼少期中米コスタリカで過ごす。
女子美術大学デザイン科卒業後、雑誌、書籍、アパレルブランドなど、
さまざまなジャンルのイラストを手がける。
現在、イラストを元にしたオリジナル刺繍雑貨なども製作している。
unacarta.com

大映映画
おしゃれ手帖

発行日 ◆ 2023 年 1 月 20 日 第 1 刷

著者 / ブックデザイン ◆ 永川梨恵
編集 ◆ 田中ひろこ
協力 ◆ 株式会社 KADOKAWA
原田就（株式会社 KADOKAWA）　永岡順一　阿部陽子
発行者 ◆ 吉田聰
発行所 ◆ ワイズ出版
東京都新宿区西新宿 7-7-23-7F
tel 03-3369-9218 ／ fax 03-3369-1436
HP　http://www.wides-web.com
印刷・製本 ◆ 中央精版印刷株式会社